A Terapia da Amizade

Dr. Eduardo Lambert
Ilustrações de João Alves da Silva

A Terapia da Amizade

A cura pelo amor incondicional

EDITORA PENSAMENTO
São Paulo

Copyright © 2002 Dr. Eduardo Lambert.

Todos os direitos reservados. Nenhuma parte deste livro pode ser reproduzida ou usada de qualquer forma ou por qualquer meio, eletrônico ou mecânico, inclusive fotocópias, gravações ou sistema de armazenamento em banco de dados, sem permissão por escrito, exceto nos casos de trechos curtos citados em resenhas críticas ou artigos de revistas.

A Editora Pensamento não se responsabiliza por eventuais mudanças ocorridas nos endereços convencionais ou eletrônicos citados neste livro.

O primeiro número à esquerda indica a edição, ou reedição, desta obra. A primeira dezena à direita indica o ano em que esta edição, ou reedição foi publicada.

Edição	Ano
5-6-7-8-9-10-11-12-13	12-13-14-15-16-17-18

Direitos reservados
EDITORA PENSAMENTO-CULTRIX LTDA.
Rua Dr. Mário Vicente, 368 – 04270-000 – São Paulo, SP
Fone: (11) 2066-9000 – Fax: (11) 2066-9008
E-mail: atendimento@editorapensamento.com.br
http://www.editorapensamento.com.br
Foi feito o depósito legal.

À

Amizade,
Às pessoas
amigas e a todas
aquelas pessoas que
querem ter um bom amigo
ou que são amigas de alguém
e que querem ter mais amizades
e que querem homenagear as amizades.

Sumário

Introdução 9

Conceituando a Amizade 11

Pensando sobre a Amizade 13

Reflexão sobre a Grande Família 18

A História de uma Verdadeira Amizade 20

A Amizade é um Lindo Cãozinho 24

Seja Você Mesmo o Seu Melhor Amigo 26

Abaixo a Inimizade, Não Faça a Guerra 30

Não Façamos a Guerra, Façamos Amor 33

Os Benefícios da Amizade 35

A Amizade é uma Terapia Gratuita 39

Os Fundamentos Terapêuticos da Amizade 40

A Importância da Amizade 42

A Amizade é... 45

Ser amigo é... 47

A Ética da Amizade 51

Os Tipos de Amigos 53

Requisitos do Verdadeiro Amigo 65

O Amigo de Verdade 66

Reacendendo a Chama da Amizade 69

Curtindo a Amizade 71

O Amor Universal Incondicional 72

O Decálogo da Amizade 75

Ode à Amizade 77

O Autor e Suas Obras 79

Leituras Recomendadas 80

Introdução

Este livro tem a divina missão de celebrar, homenagear e fundamentar uma das coisas — se é que podemos chamar de coisa — mais importantes de nossas vidas, que é o sentimento de amizade. De repente, nos sentimos sós e precisamos de alguém, mas de um alguém muito especial, um alguém de confiança, aquela pessoa que preenche o vazio da nossa necessidade com a sua adorável presença, irradiando o gostoso sentimento da amizade.

A amizade vale muito, vale mais que dinheiro, vale mais que ouro. Tanto é que não se compra um verdadeiro amigo ou uma amiga de verdade, pois a amizade é de graça, é uma relação de doação, uma relação de dádivas recíprocas, um relacionamento bilateral de doar e receber, um doar espontâneo e natural e um receber sem a necessidade de cobrar ou de exigir e, muitas vezes, sem a necessidade de pedir, um ato que entre pessoas amigas deve acontecer, porque o amigo não é um adivinho mas, às vezes, pressente e fica presente ao nosso lado para nos apoiar e proteger, para o que der e vier.

Por esses e muitos outros motivos, a amizade é uma terapia, onde tudo acontece naturalmente sem a necessidade de se forçar porque é uma doação desinteressada, só pelo prazer de ver a alegria, a felicidade e o bem-estar da pessoa amiga que mora de graça no nosso coração.

A amizade é um grande sentimento, porque ela é filha ou irmã do amor, pois é baseada e bem fundamentada no amor; é um tesouro que ninguém jamais nos roubará, porque está dentro da nossa alma.

Já disse certa vez um Sábio Homem: "Não ajunteis tesouros na terra, onde a traça e a ferrugem os destroem e onde os ladrões arrombam e roubam, mas ajunteis tesouros nos céus" e como "O Reino dos Céus está dentro de cada um de nós", a amizade também sempre estará em nosso coração e em nossa alma.

Conceituando a Amizade

Se formos ao dicionário, encontraremos que amizade é um sentimento fiel de afeição, estima, ternura, camaradagem, entendimento, concordância, fraternidade e de simpatia entre pessoas que, geralmente, não são ligadas por laços de família e nem por uma atração física ou sexual.

Mas, vejam bem, é um sentimento de lealdade, de afeto, de fidelidade e amor. Assim como existe o amor dos pais para os filhos, dos filhos para os pais, de um homem pela mulher e vice-versa, enfim, assim como existe amor entre as pessoas, a amizade é uma forma de amor, de se amar a pessoa que é amiga, pela qual se sente um amor diferente, um grande e especial amor de amizade.

Portanto, amor e amizade se irmanam como sentimentos afins. O amor que está subentendido na amizade é um amor de doação, sem nenhum interesse pessoal nem conotação de ordem sexual, e no qual, como verdadeiros irmãos que se encontram e que se dão bem, as pessoas se doam pelo simples prazer de se doar e de um ver a alegria, o bem-estar e a felicidade do outro, se ajudando, cooperando, num relacionamento de apoio e colaboração mútua, seja material, emocional e, principalmente, no que concerne ao crescimento espiritual.

Uma amizade de verdade não tem preconceitos e as supostas diferenças religiosas, étnicas, ideológicas, raciais ou sexuais passam a ser toleradas porque existe aceitação, compreensão, igualdade, fidelidade e lealdade.

Pensando sobre a Amizade

A amizade é uma arca do tesouro mais rico que existe no nosso coração e nela repousa a esperança e confiança de que o ser humano vai evoluir e se unir, porque ela é o mais elevado e puro sentimento de amor. É importante que pensemos, reflitamos e até repensemos esse tipo agradável de relacionamento que tem tudo a ver com o amor que une os corações e a alma das pessoas que estão carentes de afeto, afago, ternura e carinho.

E grandes filósofos e pensadores já emitiram suas reflexões profundas sobre a amizade, que para nós são palavras iluminadas que refletem o arco-íris de cores luminosas que vem do sentimento da amizade. Senão, vejamos:

A amizade redobra as alegrias e reparte
as penas em duas metades.
Francis Bacon

A amizade é sublime: nela resplandece
a força da humanidade.
Feurbach

A amizade é o mais perfeito
dos sentimentos, porque é livre.
Lacordaire

Todas as grandezas deste mundo
não valem um bom amigo.
Victor Hugo

Quem possui um amigo pode dizer
que possui duas almas.
Goethe

Os verdadeiros amigos não são aqueles que nos enxugam
as lágrimas, e sim aqueles que não as deixam cair.
Shakespeare

Não se vai longe na amizade se
um não perdoar o outro.
La Bruyère

Quando o homem se torna amigo de Deus, verifica-se
com ele e nele uma grande transformação.
Agostinho

O vosso amigo é a satisfação de
vossas necessidades.
Gibran Khalil Gibran

Devemos tratar os amigos como
desejamos que eles nos tratem.
Aristóteles

A amizade de um grande homem
é benefício dos deuses.
Voltaire

Quem tem sido bom amigo
forçosamente tem bons amigos.
Machiavelli

O verdadeiro amigo é aquele que
sabe corrigir os nossos erros.
Huberto Rohden

A amizade que reserva segredos
não é íntima nem verdadeira.
Manuel Bernardes

Mas, se tu me cativas, nós teremos
necessidade um do outro.
Antoine de Saint Exupéry

Censura teus amigos em particular,
louva-os em público.
Publílio Siro

Escolhe para amigo o homem melhor e mais virtuoso
e obedece aos seus conselhos.
Pitágoras

O amigo certo conhece-se nos
momentos incertos.
Cícero

Na prosperidade nossos amigos nos conhecem,
na adversidade conhecemos os nossos amigos.
Collins

O melhor presente é
a presença da pessoa amiga.
Eduardo Lambert

Aquele que faz doações
cria laços de amizade.
Buda

A amizade é uma alma que habita dois corpos,
um coração que habita duas almas.
Aristóteles

O amor passa, a amizade volta mesmo depois
de ter estado algum tempo adormecida.
George Sand

Amor e amizade se completam, se irmanam.
Aristóteles

O amor é cego, a amizade fecha os olhos.
Pascal

Ama-se o que se conquista com esforço.
Aristóteles

Escreve na areia as faltas do teu amigo.
Pitágoras

Na amizade nada deve ser fingido.
Cícero

Ama ao próximo como a ti mesmo.
Jesus, o Cristo

Reflexão sobre a Grande Família

Cada um de nós
É uma chama,
É uma fagulha,
É uma centelha...
Uma Chama Divina,
Criada pelo Sopro Cósmico
E feita à Imagem e Semelhança
Do Nosso Divino Criador,
Que é o Nosso Pai,
Aquele que nos considera a todos seus filhos,
Criaturas divinas imersas na Criação,
E que nos ama a todos igualmente.
Pois somos todos seus filhos,
Sendo seus filhos,
Então somos todos irmãos,
Somos todos familiares,
Integrantes da grande família
Chamada humanidade,
Uma família universal,
Na qual somos todos iguais,
Todos somos irmãos.

Então,
Se somos todos irmãos
Se somos todos iguais,
que tal superar nossas diferenças,
que tal acabar com as desavenças,
que tal sermos todos amigos?

E que tal darmos as mãos
e fazer uma corrente de amizade
que abraçará todo o nosso planeta
que abraçará toda a natureza,
que tem a nossa essência...
Assim, toda a nossa beleza
resplandecerá
no eterno
Amor.

A História de uma Verdadeira Amizade

Na Escócia, em Edimburgo, por volta de 1864, vivia um velho homem chamado Jock. Em toda a sua vida, ele tinha sido um fiel pastor de ovelhas, enfrentando os perigos para cuidar do seu rebanho. E, com quase setenta anos de idade, sem tanta saúde, conservava o coração e a habilidade de um pastor, muito embora suas pernas já não agüentassem escalar as montanhas para resgatar uma ovelha perdida ou espantar um predador. Embora a família para quem trabalhava gostasse muito dele, as finanças

não iam bem e não podiam mais tê-lo como empregado. Assim, chateado e triste, lá se foi ele de trem, deixando sua terra natal, rumo a uma nova vida na cidade.

Jock fazia um pouco de tudo e fez muitos amigos nessa cidade de comerciantes. Eles gostavam do velho Jock pelo seu sorriso simpático e por sua habilidade nos mais variados trabalhos. Mas, apesar de tantos amigos, sua família se constituía apenas dele e de um cachorrinho Fox Terrier que ele adotou com o nome de Bobby.

Jock e Bobby eram inseparáveis e estavam sempre juntos na rotina de passar pelas lojas à procura de trabalho. Começavam o dia passando pelo restaurante local, onde recebiam algo de comer em troca de serviços, depois continuavam de porta em porta até que, finalmente, à noite, os dois voltavam para um porão que lhes servia de moradia.

Já se passara quase um ano desde que o velho Jock chegara à cidade. Agora, era pleno verão, as colinas estavam lindas em flor. Um dia, ao amanhecer, em vez de se levantar, Jock puxou a sua cama até perto da janelinha do quarto. E lá ficou olhando as montanhas distantes, de sua amada e querida Escócia.

Afagando os pêlos de seu cãozinho, disse ele para o seu querido amigo:

— Bobby, é tempo de eu ir para casa. Eles não conseguirão me afastar de minha terra novamente. Sinto muito, camarada, mas você vai ter de se cuidar sozinho daqui por diante.

Assim Jock morreu e foi sepultado no dia seguinte em um lugar pouco comum para pobres. Devido ao lugar onde morreu e à necessidade de ser sepultado rapidamente, seus restos mortais foram colocados num dos cemitérios mais nobres de Edimburgo, o cemitério Greyfriar...

Mas é aqui que nossa história começa. Na manhã seguinte, o pequeno Bobby apareceu no restaurante que ele e Jock visitavam toda manhã. A seguir, ele fez as visitas das lojas como ele e Jock sempre faziam. E isso aconteceu dia após dia. Mas, à noite, o cachorrinho sumia e só aparecia no restaurante no dia seguinte.

Amigos do velho Jock se perguntavam onde o cãozinho dormia à noite, até que o mistério foi desvendado. À noite, Bobby não ia à procura de um lugar quentinho para dormir, nem mesmo um abrigo para protegê-lo do frio e da chuva. Ele ia até o cemitério Greyfriar e tomava posição ao lado do túmulo do seu amado e inesquecível dono.

O vigia do cemitério tocava o cachorro toda vez que o via. Afinal, já existia uma ordem expressa, proibindo cachorros de entrar no cemitério. O homem tentou consertar a cerca e até pôs armadilhas para caçar o cãozinho. Finalmente, com a ajuda da polícia, o pequeno Bobby foi capturado e, por não ter licença, foi preso. E uma vez que ninguém poderia se apresentar como legítimo dono, Bobby fatalmente seria morto.

Os amigos de Jock e de Bobby, quando souberam do caso, foram até a corte local se manifestar a favor de Bobby. Finalmente, chegou o dia quando o caso de Bobby iria ser apresentado à alta corte de Edimburgo.

Seria quase um milagre salvar a vida de Bobby e, se acontecesse, o fiel cãozinho poderia ficar perto do túmulo do seu querido amigo. E o que aconteceu foi um fato sem precedentes na história da Escócia.

Antes que o juiz desse a sentença, um bando de crianças entrou na sala de audiência. E, moeda a moeda, aquelas crianças pagaram a quantia necessária para a licença de Bobby.

O oficial da corte ficou tão impressionado pela afeição das crianças por aquele animalzinho que concedeu a Bobby um título especial, tornando-o propriedade da cidade, com uma coleira proclamando este fato.

Bobby pôde então viver, correr livremente e brincar com as crianças durante o dia. Mas todas as noites, durante quatorze anos, aquele amigo leal manteve guarda, bem ao lado do seu dono, até que morreu em 1879. E quem for a Edimburgo poderá ver a estátua de Bobby naquele cemitério que ainda está lá mais de 120 anos depois da sua morte.

E assim Bobby deixou para nós um grande exemplo de que amizade é companheirismo, fidelidade e lealdade. A amizade é um dos maiores tesouros que devemos cultivar em nossa vida. Felizes as pessoas que têm amigos para poderem compartilhar, dividir e partilhar todas as jóias que se encontram no baú deste tesouro pleno de amor que chamamos de amizade.

A Amizade é um Lindo Cãozinho

A amizade é um animalzinho, aqui simbolizado pelo cãozinho, que nos olha nos olhos, que fala com o olhar e se expressa no semblante, e nem precisa falar... E, balançando o rabo, nos passa alegria, conjugando o amor no verbo amar...

A amizade verdadeira é um lindo cãozinho que respira com emoção, que, precavido, esconde o ossinho, que nos mostra a língua e nos lambe, com um beijo molhado cheio de amor, que senta calado e nos observa atentamente, e, qual companheiro fiel, fica do nosso lado...

A amizade é um bravo cãozinho que late para nos defender e, quando pedimos, silencia, que fica triste quando entristecemos, que nos acompanha sem pedirmos, caminhando ao lado da gente, e está sempre nos defendendo, querendo brincar, nos alegrar, nos amar, em um ato do mais puro sentimento de amor.

Alguns animais estão sendo mais humanos que os seres humanos...

Seja Você Mesmo o Seu Melhor Amigo

As pessoas andam se esquecendo de si mesmas. Estão se lembrando mais dos outros que de si próprias. E muitas até se preocupam mais com os outros que consigo mesmas. Outras, por sentirem pena ou por não saberem dizer a palavra *não*, se submetem à vontade alheia, deixam que as pessoas usem e até abusem de sua bondade. Essa virtude tão elevada, quando em excesso e não bem dosada ou bem dirigida a quem realmente merece, pode prejudicar o virtuoso que a possui.

Eu me amo!

Em primeiro lugar, a pessoa deve ser bondosa consigo mesma, pois a caridade deve começar no próprio lar. Assim, nossa bondade poderá se estender a outras pessoas necessitadas e merecedoras do nosso cuidado.

E de tanto se doar e, muitas vezes, nada receber, a energia das pessoas boas e até caridosas vai se esvaindo... E essas pessoas ficam desvitalizadas, enfraquecidas e sem energia, o que pode levá-las a adoecer, mesmo porque, se analisarmos bem, muitas das pessoas que estão recebendo favores muitas vezes não merecem tanta consideração.

A pessoa que se comporta da maneira como dissemos acima, a pessoa excessivamente boa, estará denotando uma grande falta de respeito por si mesma, uma evidente falta de auto-estima... Estará deixando que os outros invadam a sua personalidade, estará permitindo a invasão do seu território pessoal, estará se deixando levar pelos outros, mostrando total falta de respeito por si mesma.

E, nesse caso, se a pessoa sentir algo por alguém, é provável que não seja amor ou amizade. Pode ser carência afetiva, desejo de companhia, medo de ficar só, solidão, desejo de fazer o bem ou um sentimento de culpa, de pena ou algum outro sentimento que faz a pessoa ter o desejo e a necessidade de agradar, de cativar, de se ligar ou até de se submeter às outras pessoas.

Quando estamos carentes, se alguém supre nossas necessidades, o que nos dá prazer, podemos nos sentir atraídos porque essa pessoa nos agrada. Mas quando a ligação é motivada pela carência afetiva, a coisa pode se complicar dando origem a uma paixão doentia e altamente prejudicial. Portanto, não devemos confundir os elevados sentimentos de amor e amizade com sentimentos de compaixão ou pena por si mesmo ou pelos outros.

Em primeiro lugar, devemos ser os nossos melhores amigos e fazer mais e melhor por nós mesmos.

E essa é a primeira obrigação de nossas vidas: amar a nós mesmos. Se nos amarmos, estaremos nos valorizando e nos respeitando e, conseqüentemente, seremos respeitados e teremos respeitados os nossos limites, os nossos direitos e a nossa liberdade.

As pessoas precisam se amar mais, ter mais estima por si mesmas, se preocupar mais consigo mesmas, se valorizar mais, dando o real valor a si mesmas, fazendo mais por si mesmas, dando mais vazão à individualidade e à liberdade de sentir, de ser, de pensar, de viver com responsabilidade. Procedendo assim, seremos autênticos, seremos cada vez mais nós mesmos, seremos sincera e verdadeiramente nós mesmos, e poderemos dar vazão ao nosso sentimento, ao nosso pensamento, ao nosso ser, à nossa existência, sendo realmente uma pessoa amiga.

E quanto mais nos amarmos, mais poderemos dar e receber amor, mais poderemos dar e receber amizade, mais poderemos amar e ser amados, mais poderemos ser amigos. E como é bom amar e ser amado. E como é bom sermos amigos, tendo os nossos amigos ao nosso lado...

Amor e amizade são uma doação bilateral espontânea. A amizade é o veículo do mais elevado, desinteressado e puro amor.

Portanto, ame-se, abrace-se, beije-se e, em primeiro lugar, seja você mesmo o seu melhor amigo.

Não custa nada acordar todos os dias com alegria e bons pensamentos, alimentar-se corretamente, cuidar da saúde, trabalhar com amor e dedicação, ajudar a quem realmente merece, a quem precisa realmente, agir semeando a amizade à nossa volta e, assim, ser uma pessoa amiga, um grande amigo, um grande veículo da amizade, um virtuose da terapia da amizade...

Portanto, dê a si mesmo amor, compreensão e valorização pois, se você quer ser amigo de alguém, primeiro seja você mesmo o seu melhor amigo.

Abaixo a Inimizade, Não Faça a Guerra

A verdade é que as pessoas que se acham e se consideram nossos inimigos, porque talvez gostem de se chamarem assim, essas pessoas que acham que podem cultivar a raiva, o ódio, a calúnia, a inveja, o orgulho e até a vingança, na realidade são também nossos amigos porque criticam nossos pontos fracos, falam mal de nossas deficiências, apontam nossos defeitos, nossas falhas, nossos erros e até nossas culpas, o que para nós pode ser visto pelo lado positivo de nos ajudar a trabalhar nossas características negativas, nossos defeitos e nossos pontos vulneráveis.

E, como no amor, isso tudo pode acontecer à primeira vista...

Cara a cara, de repente, as pessoas se olham, não se simpatizam, mudam de olhar, olham para o outro lado... Parece que a coisa não bate, não tem nada a ver, as pessoas não se cruzam, existe algo que atrapalha o relacionamento, parece que existem diferenças ou parece que algo entre elas já aconteceu, algo errado de que não se lembram, algo que está perturbando e atrapalhando o relacionamento... Um mistério envolve essa situação de antipatia e de simpatia nas relações humanas.

A simpatia e a antipatia devem ter um profundo significado. Muitas vezes, as pessoas nem se conhecem e já manifestam esses sentimentos de atração ou de aversão e repugnância, que são muito significativos, pois representam ocorrências da comunicação comportamental humana em nível inconsciente. E isso merece uma análise, uma avaliação mais cuidada, uma explicação mais profunda que esclareça esse tipo de comportamento.

E, às vezes, por exigências fúteis, ocorre um desentendimento. As pessoas se estranham e se desentendem como se não se conhecessem, e surgem emoções negativas que afloram através de agressões verbais ou até físicas; surge a falta de respeito, e se

dizem coisas que não foram exteriorizadas na hora certa por estarem guardadas a sete chaves. Assim, a inimizade se instala no relacionamento, as pessoas se tornam ferrenhas inimigas, a ponto de não mais se olharem, de se evitarem, de mudar de calçada na rua, de não sentarem na mesma mesa, de uma querer caluniar, falar mal, até brigar, estraçalhar a outra... E acabam até dizendo uma à outra coisas que ferem, que machucam, coisas que ofendem, esquecendo-se que o outro pode estar sendo o nosso espelho que reflete as nossas características, pois, na maioria das vezes, criticamos ou culpamos na outra pessoa aquilo que somos. E assim, esses sentimentos de raiva, ressentimento, ódio e vingança se apoderam das pessoas, que, imaturas, desavisadas, ingênuas, se deixam envolver pelo mal em decorrência de um mal-entendido.

Mas é bom lembrar que o desentendimento é o caminho para se achar o denominador comum de conciliação e equilíbrio entre pessoas que têm opiniões antagônicas ou conflitantes.

Não Façamos a Guerra, Façamos Amor

    E se nas horas de desencontro, que são tão difíceis, não houver um aceno de paz, para se partir para o diálogo ou se combinar um diálogo de paz, um diálogo maduro, numa outra hora, em outro lugar, de cabeça fria, um relacionamento que tinha tudo para se fortalecer e se estabelecer como uma grande e bela amizade é frontalmente destruído pelo orgulho, pelo ódio, pelo

Paz e Amor!

egoísmo, pela inveja, pelo ciúme, os mais nefastos e verdadeiros inimigos do amor e da amizade, que provocam conflitos, que geram a discórdia, que promovem a desunião, abalam a paz interior e podem até levar as pessoas às discussões, às controvérsias, às guerras e à destruição...

Portanto, os sentimentos contrários ao amor, como a inimizade, podem gerar sentimentos negativos nas pessoas, que agora se consideram inimigas, que se preparam, na surdina, para a vingança, que é filha do ódio, para desfechar o golpe fatal, um ato de sadismo no qual a pessoa se compraz com o sofrimento do próximo, que é seu irmão...

Nessas horas, é bom nos lembrarmos das sábias palavras ditas por homens sábios, que nesta Terra passaram e que, com atos de grandeza espiritual, deixaram lições de amor para toda a eternidade:

"Amai-vos uns aos outros", "Ama a teu próximo como a ti mesmo", "É amando que se é amado", "É dando que se recebe", "É perdoando que se é perdoado", "Faze aos outros o que queres que os outros façam", "Ama os teus inimigos e ora pelos que te caluniam ou perseguem."

Num salão de festas, uma anciã fez esta pergunta:
— Como pode o senhor referir-se com bondade aos seus inimigos, quando devia antes dar cabo deles?

A resposta de Abraham Lincoln, depois de olhar pensativamente o rosto da senhora, foi:
— Acaso não dou cabo deles quando os converto em amigos?

Os Benefícios da Amizade

A verdadeira amizade é respeitosa, suave, forte, e nos ajuda ou nos encoraja para enfrentar as intempéries, os percalços e as vicissitudes da vida, na qual um olhar amigo, aquele sorriso encorajador, um abraço de solidariedade, um dar de ombros, um toque de carinho e palavras amigas de apoio têm um poder de cura, razão pela qual a amizade é uma coisa boa, é uma abençoada terapia.

A amizade é um sentimento de afinidade, de aproximação, empatia e simpatia recíprocas, que implica colocar-se um no lugar do outro, sentir o outro com a máxima imparcialidade, como se penetrasse sua essência, rindo com as suas alegrias e chorando as suas lágrimas.

O amigo é o bom espelho que nos mostra a nossa imagem, que desnuda os nossos defeitos para que possamos posteriormente refletir a nossa beleza interior na nossa mente, no nosso corpo físico e na nossa vida de amor. A amizade é uma relação interpessoal profunda que envolve um doar e um receber dádivas recíprocas, e deve acontecer entre os casais, entre pais e filhos, entre cônjuges, familiares, vizinhos, colegas, amantes, namorados, noivos, conhecidos e até desconhecidos, pessoas que, não por acaso, de repente estão lado a lado na estrada da vida... E, às vezes, até nossos desconhecidos vizinhos podem se tornar mais que parentes, pois na hora da emergência quem nos socorre é esse estranho. Portanto, não deve ser à toa que estamos ali separados por aquele muro ou por aquelas paredes...

E a amizade é reciprocidade, uma troca espontânea e natural, um sentimento de partilha, um sentimento de oferenda, de colaboração e cooperação.

A verdadeira amizade é eterna, nos apóia nos momentos de transição, nos conforta, nos transforma, permite que tenhamos a percepção e o reconhecimento do nosso valor, ajuda a nos conhecermos melhor, a ser mais nós mesmos e a ver mais claramente nossas metas e objetivos para que, assim, possamos realizar todos os nossos ideais.

Quando uma pessoa adoece, não adianta só o repouso e os remédios. Está comprovado que, se ela tiver um olhar amigo, uma expressão amiga, um sorriso encorajador, um aperto de mão, um toque nos ombros, se ela for afagada, tocada com ternura, se for abraçada, beijada, se for tratada com atenção, carinho, com a manifestação física do afeto, se ela for estimulada positivamente, ela terá mais força para recobrar a saúde.

A presença de um amigo nos dá mais força para recobrar a saúde.

Desabafe com uma pessoa amiga.

A Amizade é uma Terapia Gratuita

Muitas pessoas não têm condições econômicas para fazer análise, fazer terapia com um especialista e, de repente, por necessidade, se vêem conversando, desabafando com uma pessoa amiga, contando seus problemas, botando para fora o que está guardado, o que está entalado na garganta, coisas do passado ou problemas do presente... Enfim, exteriorizando o que faz, pensa ou sente.

De repente, ela está ali, fazendo uma bela terapia com uma pessoa amiga, que lhe dá toda a atenção, que faz de tudo para ouvi-la e que oferece com um gesto amigo aquele apoio moral, aqueles tão valiosos, bons e importantes conselhos, aquelas palavras tão amigas ou mesmo aquelas belas broncas que fazem parte da amizade que desnuda o nosso eu, derrubando os muros de defesa, tornando-nos mais autênticos, fazendo-nos chorar lágrimas tão importantes para descontaminar e purificar o nosso íntimo.

E, sendo a amizade o equilíbrio entre o doar e o receber, o pagamento é muito simples, e se chama altruísmo, cooperação e reciprocidade deste sentimento belo e elevado, a amizade, que pode proporcionar a paz no mundo.

Os Fundamentos Terapêuticos da Amizade

As palavras *terapia, terapêutica* e *terapeuta* têm uma única raiz grega — *therapeia* — que significa cura ou tratamento de doenças. Em português, nas palavras compostas que fazem referência a um método de cura ou de tratamento, a palavra *terapia* entra como o segundo elemento da composição, cuja modalidade é definida pelo primeiro elemento. Assim, *cromoterapia*, cura pela cor; *hidroterapia*, cura pela água; *aromaterapia*, cura pelo aroma, etc.

Nos casos em que não existe uma única palavra para designar o tipo de tratamento indicado, a solução é usar uma expressão, como fizemos ao dar título a dois de nossos livros anteriores: *A Terapia do Beijo* e *A Terapia do Riso.*

A Terapia da Amizade nos desperta para a vida, abre os nossos olhos para a realidade, mostra o nosso sentimento, fortalece

o nosso ego, sensibiliza o nosso coração, faz brotar a compaixão, elimina nossas negatividades, reacende a esperança, varre as inseguranças e medos, desperta a confiança, renova os ideais, desnuda os problemas, mostra as soluções, resolve as dificuldades, promove um alívio, nos apóia, conforta e consola, incrementa a nossa confiança, ajuda a superar as diferenças, desperta a alegria, faz brotar o entusiasmo, ajuda a resolver os conflitos e os problemas. E, em cada encontro, nos inspiramos, nos estimulamos e, juntos, progredimos. A amizade nos afasta do sofrimento, desperta a alegria, o ânimo e o prazer de viver; promove a paz, o amor e ajuda a unir as pessoas numa sinfonia de fraternidade. E é interessante observar que, quando doamos o amor, por incrível que pareça, não ficamos sem esse maravilhoso sentimento.

Ele existe em nós em abundância porque estamos ligados a uma fonte de amor que não seca jamais, que é inesgotável, interminável, que, quanto mais se dá, mais se produz... É como se houvesse uma geração incessante na fonte de amor que existe bem dentro de nós, dentro do nosso coração e da nossa alma amiga.

A Terapia da Amizade é um ciclo vicioso bom que pode ser resumido em duas palavras: dar e receber.

Dar é oferecer, ofertar, abrir as mãos, abrir o coração; dar as mãos, dar energia com o divino intuito de ajudar.

Receber é se abrir, abrir os braços, abrir o sentimentos, abrir o coração, abrir o corpo para as sensações que levarão ao deleite do prazer, na sinfonia do amor, do dar ao receber.

A Importância da Amizade

A vida é a escola do Amor. A amizade é um dos maiores tesouros da vida que nos complementa, que supre as nossas necessidades. Ela tem o poder de aproximar o que está longe, de juntar o que está separado, de somar o que está dividido e de unir em nome do amor universal. A amizade derruba os muros de defe-

sa, desata as amarras, destrói as muralhas da solidão, afasta-nos das causas do sofrimento, nos conscientiza do nosso valor e de nossas aptidões, de nossas potencialidades e nos desperta para a vida.

Ela renova a fé e acaba com o desespero, afasta os medos e desperta a coragem e a confiança... Ela espanta a tristeza e desperta a alegria e o riso. Dá mais vontade de viver, nos devolve o equilíbrio, reativa o entusiasmo, nos desperta para a cooperação... É uma chama que nos transforma e nos direciona para os verdadeiros objetivos da vida, ajuda a dar um sentido à vida, ajuda a encontrar o denominador comum, que é o bem-estar de cada um no gozo pleno de sua liberdade e direitos... Ajuda a recuperar a confiança, tira as ilusões e mostra as verdades... A amizade nos consola, nos conforta, ajuda a superar as diferenças para atingirmos a igualdade... Ajuda a resolver situações, a solucionar os problemas... Nos fortalece, ajuda a elevar os sentimentos, a melhorar a intuição, a superar os conflitos, restaura o amor-próprio e a auto-estima.

*Amizade é convidar a pessoa amiga
para a dança da vida.*

A Amizade é...

Amizade é se entender pelo olhar; é estender a mão à pessoa amiga; é convidá-la para a dança da vida; é elogiar enaltecendo suas qualidades e virtudes; é fazer um elogio em público; é não falar mal mas falar bem; é não fazer o mal mas o bem, é saber quando criticar em particular; é agir de forma leal e construtiva; é saber guardar as confidências, não revelando nunca o segredo de alguém; é visitar a pessoa amiga quando ela está triste, sozinha ou doente, ou quando se tem vontade de visitar. É reconhecer as falhas e pedir desculpas ou perdão quando se erra ou se prejudica, é se explicar sempre que necessário, é agradecer quando for preciso, quando se ganha um presente, um elogio, um conselho amigo ou uma observação positiva...

É um envolvimento que permite que a pessoa seja ela mesma, que expresse a sua inspiração, que não limita a pessoa amiga mas a ajuda na expansão da consciência, nos transforma, nos auxilia nas mudanças, nos ajuda a ser nós mesmos e a enxergar nossas metas, objetivos, ideais, e a verdadeira e a mais importante missão da nossa vida: amar, amar, amar...

É um sentimento de irmandade, que ajuda a nos valorizarmos, a expressar sem barreiras os nossos sentimentos e segredos, que só podem ser revelados aos verdadeiros amigos.

É um sentimento de afinidade e empatia bilateral, suave, encorajador e que tem o poder de ajudar e de curar, onde existe disposição para receber e doar.

Na amizade não existe dominação, nem possessividade, nem subjugação, muito menos autoritarismo ou despotismo.

Ter amizade é doar sem pedir nada em troca, é se esforçar por conhecer profundamente um ao outro, sempre respeitando os limites e os direitos da pessoa amiga.

Quando existe amizade, não há distância, muito embora, às vezes, seja necessário que, na amizade, como no amor, exista o benéfico distanciamento, para que se sinta a falta da pessoa, para que se curta a saudade, para que se reconheça a importância e o verdadeiro valor daquela pessoa tão amiga, tão amada...

A amizade é um compromisso...

No próprio casamento, noivado ou namoro deve existir a maior amizade.

O amigo é um oásis que mitiga a nossa sede quando estamos sob o sol ardente do deserto da solidão.

Deve-se tomar cuidado com a intimidade que, quando em demasia, pode atrapalhar a amizade.

Quando existe amizade, não existe distância.

Ser Amigo é...

Ser amigo é se interessar pelas pessoas, considerar-se igual, sem inferioridade e sem superioridade, mas com a mais pura sinceridade... Um não se julga mais que o outro, e nem quer se sobrepor ao outro, bem como não usa e nem abusa do outro.

O egoísmo é um sentimento contrário ao amor e à amizade... É um sentimento inadmissível quando existe a grande e verdadeira amizade.

A amizade está intimamente ligada à solidariedade e à fraternidade... Ser amigo é estar do lado, é ser solidário, é ser companheiro, é apoiar nas horas difíceis... É partilhar não só alegrias redobradas, mas também compartilhar os problemas, dividindo as dificuldades, ajudando a resolver, a encontrar as soluções.

Não é interferir na vida, comandar, controlar ou dominar, mas dar liberdade para a pessoa ser o que ela realmente é, sem mentiras, sem a máscara da falsidade. É deixar a pessoa estar à vontade e a gente também à vontade.

Ser amigo é ajudar a levantar a auto-estima através de boas palavras, novas idéias, novos caminhos...

Ser amigo é se doar, é doar amor, é amar e ser amado, porque a amizade é uma forma do mais doce, meigo e puro amor. Ser amigo é compreender, entender e aceitar *in totum* a outra pessoa, como ela é, com suas qualidades e seus defeitos, sem críticas ou julgamentos, pois, como disse o Sublime Amigo: "Antes de ver o cisco no olho dos outros, tire o cisco dos seus olhos."

É confiar e ao mesmo tempo ser vulnerável; é correr o risco de dividir algo de bom ou de ruim; é saber a hora certa para alertar, opinar ou para aconselhar sem forçar ou importunar, mesmo porque as palavras ditas na hora certa surtem um efeito mais benéfico e podem ajudar muito mais.

E até o ciúme entre amigos é sinal de falta de confiança em nós mesmos, isso porque o verdadeiro amigo é fiel até debaixo d'água.

A expressão "pelo meu amigo eu ponho a mão no fogo" é prova de extrema confiança e não pode ser usada levianamente, muito embora, às vezes, a amizade passe por testes difíceis, para realmente sabermos que não são falsos mas verdadeiros os sentimentos que envolvem os nossos corações.

Ame a natureza.

A Ética da Amizade

O amigo, que é um terapeuta da amizade, quando é solicitado a entrar em ação, deve ser um facilitador que sempre vai agir com bom senso, com equilíbrio e razão para procurar doar energias positivas, construtivas, criativas e curativas, que ajudem a afastar todas as negatividades e despertar as potencialidades da pessoa amiga, através de gestos, palavras e mensagens alentadoras, balsamizantes e confortadoras.

A função do amigo terapeuta é ouvir com atenção total e sem preconceitos, apoiar nas horas difíceis, entender o que se passa, compreender, conhecer as nuanças, criticar construtivamente, censurar quando necessário, colaborar no sentido de apoiar, dar de si o que for necessário, fazer a leitura do verdadeiro significado das atitudes do outro, não limitar a pessoa amiga, mas ajudá-la a se expandir e crescer emocional, mental e espiritualmente, através do trabalho cooperativo, pois a união faz a força e a força da união vence.

O primeiro requisito do amigo terapeuta é que ele ame a si mesmo, ame a natureza, o planeta e o universo, enfim, que ele tenha no coração o amor universal e uma visão global, ou seja, uma compreensão da unidade na totalidade do universo, no todo, em tudo o que nos envolve e, em especial, compreensão dos seres humanos, dos animais, das plantas, da natureza...

Afinal, somos seres naturais e devemos agir em conformidade com a natureza.

Para o terapeuta da amizade, a Terra e a natureza são o nosso lar e a humanidade é a nossa família, como disse aquele Sublime Peregrino:

> "E quem é minha mãe e quem
> são meus irmãos, senão aquele
> que segue a vontade do Pai?"

Por ser a amizade um amor muito especial, do tipo universal e total, muito embora possa existir o toque físico como o abraço amigo, a terapia da amizade não tem e não pode ter nenhuma conotação sexual; se por acaso isso acontecer, por algum tipo de carência ou falta de sinceridade da pessoa, fatalmente e infelizmente essa atitude poderá destruir esse tesouro tão puro que é o lindo sentimento de amizade.

A terapia da amizade está indicada para pessoas de todas as idades, sejam adultos ou crianças, em qualquer situação da vida em que haja tristeza, depressão, solidão, ansiedade, agitação, angústia, impaciência, desesperança, desespero, mau humor, mágoa, ódio, cansaço, desânimo, desilusão, indecisão, saudade, ressentimento, estresse ou qualquer estado emocional em desequilíbrio, ou mesmo em casos de doença física ou psicológica.

A pessoa amiga no exercício da amizade não pode apoiar as coisas erradas e nem fazer tudo pelo outro, mas, agindo com sabedoria e razão, deve orientar, apresentando as várias opções do caminho a seguir e não dar o peixe, mas ensinar onde, como e quando é que se deve pescar.

Os Tipos de Amigos

Existem vários tipos de amizade, que serão classificados a seguir, onde poderemos identificar, conhecer e reconhecer as nossas amigas e os nossos amigos e, assim, saber que tipo de amigos ou amigas nós temos à nossa volta. É bom avaliar e refletir sobre as nossas amizades, para que possamos selecionar, separar o joio do trigo, o lobo dos carneiros e ficar com os amigos de verdade. E, agindo assim, poderemos evitar as ervas daninhas e cortar o mal pela raiz, para não ter de sofrer para aprender.

O grande amigo é como se fosse uma alma-gêmea, pois existe uma grande afinidade espiritual, como se pertencêssemos a um mesmo plano energético e vibratório, a um mesmo grupo de pessoas afins, a uma mesma família espiritual, que se unem pelo princípio de que o semelhante atrai o semelhante e, assim, se encontram como se fossem verdadeiros irmãos.

Quanto ao número de amigos, dizem que, se você os contar nos dedos de uma mão, já está muito bom; agora, se você os contar nos dedos das duas mãos, considere-se feliz; e se, além das mãos, você os contar nos dedos dos pés, então você é um felizardo. O que recomendamos é que você seja a mais feliz das criaturas do planeta Terra, fazendo o maior número possível de amigos.

Amigo do Peito: é aquele amigo muito íntimo, pessoa muito querida que mora no fundo do nosso coração, com o qual podemos contar a qualquer dia ou a qualquer hora, para o que der e vier.

Amigo Secreto: é o amigo oculto, o amigo que nos faz uma surpresa inesperada, que nos ajuda às escondidas. É o amigo de festas comemorativas, que nos sorteia para nos presentear, como ocorre no Natal, por exemplo.

Amigo Fraterno: é aquele que tem amor ao próximo e o demonstra praticando o bem, para o qual fazemos parte de uma grande família e que tem o prazer de ajudar e de levar a alegria, de dar o seu tempo e o seu amor para as pessoas realmente carentes e necessitadas.

Amigo do Amigo: é aquela pessoa que, em consideração a uma amizade comum, nos considera de imediato um amigo de verdade, e nos trata como quem quer a nossa amizade.

Amicíssimo ou Amiguíssimo: é aquela pessoa especial que é um amigo demais, um superamigo de todas as horas, mais que irmão, aquele irmão que os laços de sangue não nos deram, mas que a vida nos presenteou.

Amigo de Infância: é aquela pessoa amiga cuja amizade se inicia em nossa infância e muitas vezes se estende até a nossa adolescência; aquele ser com o qual desfrutamos bons e maus momentos desta época importante de nossa vida, das molecagens às traquinagens às estrepolias às peraltices até aos maus bocados que passamos juntos... E como é bom reencontrar um amigo de infância; é uma amizade que se reacende com o reencontro.

Amigo Imaginário: é o amigo invisível, que acontece com 13% das crianças, iniciando dos 4 aos 5 anos, podendo persistir até a adolescência, com os quais brincam e conversam, que apresentam qualidades e virtudes que a criança tem ou gostaria de ter e que tem a nobre função de ajudar na manutenção do equilíbrio emocional da criança.

Amigo Virtual: as pessoas andam com certos tipos de carência e, de repente, precisam falar, ser ouvidas, desabafar ou se encontram solitárias e, mesmo sem ver ou sentir ou conhecer realmente, se entregam a "amizades" pela Internet. E aquela pessoa amiga que se deseja, que existe nos sonhos mais íntimos, de repente passa a existir, graças a uma transferência para esta amizade virtual, que deve ser submetida a comprovação, porque o lobo pode se apresentar sob a pele de um cachorrinho e nos enganar.

Amizade Colorida: é um tipo de relacionamento íntimo e sexual, uma relação amorosa sem compromisso social.

Amigo-da-onça: é aquela pessoa sacana, sádica, que vive aprontando situações de embaraço que nos pegam de surpresa e nos deixam em maus lençóis, em situações muito desagradáveis.

Amigo Grego: é a pessoa que dá presentes de grego, ou seja, um presente que tem a finalidade de prejudicar quem o recebe, que tem como exemplo clássico o Cavalo de Tróia, dado pelos gregos aos troianos, no bojo do qual se esconderam guerreiros que se apoderaram de Tróia.

Amigo Bajulador: é aquele que usa a nossa auto-estima, massageando o nosso ego para conquistar a confiança, sempre sorrindo, nunca nos contraria e até introduz pessoas em nossa vida. É aquela pessoa interesseira, puxa-saco, que vive elogiando, visando tirar vantagens do relacionamento, muito comum de acontecer nos meios políticos e na chamada alta sociedade.

Amigo Parasita: é aquele que é também interesseiro, que se encosta na gente para conseguir coisas na vida, nos usando e até abusando da amizade.

Amigo Superficial: é aquele que não aprofunda o relacionamento, fica somente na superfície, nas superficialidades.

Amiguete: é aquele que é só colega, companheiro.

Amigo-Urso: é aquela pessoa hipócrita, infiel, não confiável.

Amigo Falso: é aquele que finge; pela frente fala bem e por trás fala mal, devido a sentimentos negativos de inveja, ciúme e inferioridade.

Amigo-do-alheio: é uma expressão popular que significa ladrão.

Amigo de Jogo: são aqueles amigos que encontramos quando vamos jogar futebol, vôlei, basquete, tênis ou praticar juntos algum tipo de jogo.

Amigo de balcão: para quem gosta de beber, são aquelas pessoas que ficam nos balcões ou mesas dos bares e dos botecos, bebendo, jogando dominó ou palitos, jogando conversa fora, com aquela filosofia de botequim.

Amigo de Leito: é aquela pessoa que, de repente, por obra do destino, está ao nosso lado naquelas horas que precisamos de alguém para nos ajudar ou para ajudarmos, como acontece na enfermaria dos hospitais.

Portanto, é importante conhecer os tipos de amizade a fim de classificarmos os nossos relacionamentos, para sabermos em que pessoas estamos confiando, se bem que o importante não é confiar desconfiando, mas confiar conferindo para ver se a pessoa é fiel e leal, e não esquecer de que a verdadeira confiança começa na confiança que temos em nós mesmos.

Um verdadeiro amigo nos dá sábios conselhos.

Requisitos do Verdadeiro Amigo

Como diz Saint Exupéry, "ser homem é precisamente ser responsável". Então, essa é também a primeira característica de uma pessoa que quer ser amiga. O amigo é o espelho que reflete com afeto a imagem da pessoa amiga que quer se conhecer e se unir por tão nobre sentimento.

Verdadeiro amigo é aquele que nos aceita, nos compreende, nos entende, nos ouve, nos respeita, colabora, compartilha, coopera e nos olha de igual para igual, nos ajuda a levantar a cada queda, sem nos recriminar, simplesmente apoiando, deixando para a hora certa seus sábios conselhos, suas sábias opiniões ou suas broncas, que nos elevam, nos estimulam nas caminhadas da vida, sendo, portanto, uma coisa rara, uma jóia rara mesmo.

O verdadeiro amigo tem um sentimento humano de universalidade, de amor incondicional.

É aquela pessoa observadora imparcial da vida, sem paixões e sem preconceitos, que conhece as próprias necessidades, as necessidades das outras pessoas e as necessidades do meio ambiente e do planeta que nos acolhe com amor.

Portanto, o verdadeiro amigo deve ser amigo do planeta, ter uma consciência planetária. Deve ser contra a agressão à natureza, ser contra a violência entre os seres humanos. Deve ser contrário à destruição do meio ambiente e do planeta, contra a contaminação do planeta, evitando todas essas coisas em suas vidas, em suas casas, ruas, jardins, parques e praças. Tem que ser capaz de colaborar, cooperar, servir e ajudar com amor.

O Amigo de Verdade

O verdadeiro amigo, ou terapeuta da amizade, deve saber como estar no outro sem sair de si, pois ele mesmo é o ponto de referência.

Então, com empatia, sentir a outra pessoa mas manter-se centrado em si.

Só dá quem pode dar e deve dar e, pela lei do amor, quem pode dar deve dar, porque não doar é perecer no egoísmo.

E doar é transmitir o alívio, a esperança, o conforto com palavras adequadas, atitudes, gestos, pois, na verdade, a amizade é o amor universal em ação.

Ser amigo é ser um facilitador sem fazer, mas ajudando a realizar as tarefas. É não dar tudo de bandeja, mas ajudar a solucionar os problemas, ensinar a pescar, passar a experiência com a humildade dos sábios, pois a obrigação de quem sabe é ensinar.

E se a pessoa não enxerga, oferecer várias opções, pois ela tem o livre-arbítrio para escolher, afinal cada um é responsável por suas escolhas e opções, mas também pelas conseqüências dos seus atos.

Abrir o coração com a luz da alma, colocar-se no lugar da outra pessoa amiga, ser um observador imparcial, sem paixões ou preconceitos... Com empatia, sentir o que a outra pessoa sente, viver a realidade da outra pessoa, sentir como ela é, aceitá-la e compreendê-la para poder ajudá-la, através de mensagens positivas que a ajudem a retomar o caminho.

Através da compreensão que é a inversão de posição, encontrar as palavras e as atitudes certas para expressar o sentimento de amor universal, que é o grande e verdadeiro sentimento de amizade.

E deve o amigo ter virtudes básicas: empatia, compreensão, paciência, prudência, lealdade, fidelidade, respeito, aceitação e tolerância.

Cumprimente seu amigo pelo aniversário.

Reacendendo a Chama da Amizade

É triste discutir com uma pessoa amiga, é triste brigar e até chorar com a perda de uma amizade. As lágrimas são pérolas de amor que nos aliviam. E existe a decepção da amizade que dói e muito, quase tanto quanto a decepção do amor mas, às vezes, está na hora de irmos, de nos separarmos por alguns instantes, para dar um tempo, um bom distanciamento, uma pausa para reflexão, para, quem sabe, um dia voltar, pois a verdadeira amizade é infinita, nunca acaba, porque tem o delicioso sabor de eternidade.

Errar é humano e perdoar é divino, diz o ditado. Então, se você errar, reconheça o seu erro, arrependa-se, corrija na medida do possível, seja humilde e peça perdão por ter magoado, ofendido ou prejudicado uma pessoa amiga.

Esteja aberto para reativar antigas mas verdadeiras amizades e para deixar acontecer a paz de uma nova amizade.

Não deixe que certas coisas estraguem uma amizade, pois é conversando que a gente se entende.

Ligue, telefone, mande um bilhete, escreva uma carta, passe um fax, mande um e-mail, faça uma visita, faça uma surpresa, dê um presente, mande uma mensagem de paz, cumprimente pelo aniversário.

Aliás, é bom lembrar que, a cada aniversário, nós completamos uma volta ao redor do Sol, o nosso astro-rei. E o Ano-Novo, no qual comemoramos e festejamos a passagem do ano, na realidade é o aniversário do nosso querido planeta Terra, pelo qual devemos ter muito amor e amizade, pois é o nosso lar, a nossa terra natal, na qual semeamos e colhemos.

Façam um programa juntos.

Curtindo a Amizade

Façam um programa de pessoas amigas: ouçam música, peguem um filme, leiam juntos, vão ao cinema, vão assistir a um show, a um musical, a uma peça teatral; visitem exposições, façam um passeio a pé para ver o pôr-do-sol, assistam a um jogo, joguem boliche, contem piadas sadias, mandem flores, combinem um almoço, um lanche ou um jantar, façam uma viagem para o campo ou para a praia, curtam juntos a natureza.

E assim como existem algumas datas comemorativas, como o dia do aniversário, do namoro, do noivado e do casamento, vamos marcar a data do início do relacionamento amigável, pois é preciso que se comemore a data de aniversário das nossas amizades.

Aliás, até existe o dia internacional da amizade, que se comemora em 20 de junho.

Existem momentos na vida em que nada é melhor que um olhar amigo, um sorriso, um beijo fraterno e um abraço de amizade, que são como um bálsamo de amor a nos encher o coração e a alma de bem-estar.

E a amizade é um sentimento de amor sem sexo, é um amor bem diferente, com pureza de intenções, é como se fosse uma irmandade, um sentimento de familiaridade.

Até quando existe o amor entre um homem e uma mulher, entre duas pessoas que se desejam, tem que existir mais ainda a amizade. E só porque tem algo em comum não quer dizer que exista afinidade ou amizade. Afinidade são muitas coisas em comum, uma múltipla identificação.

O Amor Universal Incondicional

O Amor Universal é incondicional e infinito. Somos seres, criaturas que, geradas pelo nosso Criador, logicamente só pode nos ter feito com alegria e Amor. E assim, fomos feitos à imagem e semelhança do Criador de todas as coisas, que nos criou, que criou os animais, que criou a natureza, o planeta, o sistema solar, as constelações, as galáxias e o universo.

Vivemos numa comunidade, somos pessoas comuns. Ninguém é superior ou mais que ninguém. Somos todos iguais: corpo, mente e alma.

A nossa família é a humanidade terrestre e, quem sabe, extra-planetária.

E é fazendo algo de bom para as pessoas que se consideram nossas inimigas que elas poderão tornar-se nossas amigas. Esta é uma das finalidades da terapia da amizade.

Quem doa gera, quem gera é generoso... É dando que recebemos e nos relacionamos, nos integramos, nos unimos, pois precisamos uns dos outros e, mais ainda, dependemos uns dos outros. Então, unamo-nos.

O verdadeiro amigo nunca nos abandona e só invade o nosso território pessoal para ajudar a cortar o mal pela raiz, quando a venda de nossos olhos nos impede de ver e crer.

Quando doamos, nos sentimos úteis e alegres; quando recebemos nos sentimos estimados, valorizados e sentimos o prazer de receber.

Dar e receber é a amizade em ação.

É o amor a saltitar no peito com emoção.

Somos seres pessoais. Amemo-nos a nós mesmos. Somos cidadãos, amemos nossa cidade. Somos seres sociais, amemos a nossa sociedade. Somos seres humanos, amemos a humanidade. Somos seres naturais, amemos a natureza. Somos seres planetários, amemos o planeta. Somos seres do sistema solar, amemos o Sol e as estrelas. Somos seres galáxicos, amemos a nossa galáxia. Somos seres universais, amemos o universo, o todo universal, o Criador, que está em toda parte, em todo lugar, em todas as coisas, do micro ao macrocosmo, em toda a natureza, em todos os animais e no interior de cada um de nós. Então, amemo-nos uns aos outros ou o Criador que está dentro de cada uma das criaturas que por Ele foram geradas com Amor.

E sejamos amigos de nós mesmos, sejamos amigos das pessoas, sejamos amigos dos animais, sejamos amigos da natureza, sejamos amigos do nosso planeta, ajudando na limpeza, na preservação, na conservação e na recuperação de nossa querida Terra com uma verdadeira consciência ecológica.

E vamos nos amar com amor, com o amor universal que é a amizade, vamos participar, entrar para grupos ou entidades ambientalistas ou filantrópicas e montar equipes e "clubes da amizade" que visem o respeito ambiental e um relacionamento de amor universal, de amizade entre as pessoas.

Amor é o maior agente de cura, é a energia harmonizante de todos os componentes universais desde o microcosmo até o macrocosmo, dos átomos às estrelas e às constelações, que nos desperta para a vida e nos transforma para o crescimento e a evolução mental e espiritual.

É o Amor que nos une. O Amor está em nós, o Amor está em cada partícula de todo o nosso ser e em cada partícula do universo.

O Amor está em todo lugar, em toda parte. Estamos imersos no Amor e somos filhos do Amor e somos o Amor. Então, vamos dar as nossas mãos e vamos todos nos amar cada vez mais, envolvendo tudo com o Amor que vem de nossas almas e de nossos corações...

O Decálogo da Amizade

Assim como existem os Dez Mandamentos que se encontram no Velho Testamento, os quais são regras sociais que, se fossem bem observadas, não haveria a necessidade dos códigos civis e penais, pois não existiriam os crimes, as faltas e os erros que são cometidos pelos seres humanos... Aliás, a primeira obrigação do ser humano é ser humano. E assim, estudando todas as possíveis nuanças do relacionamento de amizade, procuramos criar alguns pontos de reflexão importantes para ajudar a regular e melhorar nossos relacionamentos e nossas amizades. Assim, vamos aos dez mandamentos da amizade:

1º — Em primeiro lugar, ame O Grande Amigo Universal, ame a si mesmo, a humanidade e a natureza;

2º — Seja você mesmo o seu melhor amigo, e não se iluda com a aparência, mas sinta e conheça a essência, o coração e a alma das pessoas;

3º — Ame-se, estime-se, respeite-se, valorize-se, cuide-se e seja sempre autenticamente e naturalmente você mesmo;

4º — Faça para as pessoas amigas o que você quer que essas pessoas lhe façam, e não faça para os outros o que não quer que lhe façam;

5º — Interesse-se pelas pessoas amigas e trate-as com atenção, lealdade, compreensão, consideração, generosidade e respeito;

6º — Estimule e dê motivação para o autoconhecimento, o crescimento, o desenvolvimento e a evolução da pessoa amiga;

7º — Honre a sua palavra, não minta, seja sincero, se necessário, renegocie para manter a sua integridade moral e para conservar a amizade;

8º — Temos dois ouvidos e uma boca, para ouvir mais e falar só o essencial, sendo um exemplo vivo das virtudes que admiramos;

9º — Em vez de criticar ou reclamar, apresente soluções, mantendo a calma e a classe, agindo sempre com razão e sabedoria;

10º — A leitura é a luz da vida e a luz da alma; sempre que possível, dê um presente útil como um livro de autoajuda para as pessoas que você tem como amigas.

E existem outras observações neste manual que ajudarão no processo de crescimento terapêutico através da terapia da amizade, que é a terapia do amor universal incondicional.

– 76 –

Ode à Amizade

Amigo
É aquele alguém,
Que mora em nosso coração
Como um encontro que,
Simplesmente, acontece
E espanta a solidão.

Amiga,
Amiga do peito,
Um encontro de alma,
Que mesmo longe ou perto,
Tira da nossa vida o deserto
E, com todo o respeito,
Anima e acalma
Nossa alma.

Amigo
É aquele que fala
Com a voz de pura emoção,
Que vem do fundo da alma
Vibrando no coração,
Nossa preocupação.

Amiga
De repente aparece
Nas horas mais difíceis
Presenteando com sua presença
E sem nenhuma sentença,
Nos joga para o alto,
Compreendendo,
Aceitando,
Amando.

Amizade
É se olhar nos olhos,
Se abraçar com todo o carinho,
E, tendo tempo para dar
É saber ouvir e falar
O que vem da alma,
Do coração,
E ajudar.

O Autor e Suas Obras

Nascido em Cambuí, Sul de Minas, e formado em Medicina pela Universidade Federal de Juiz de Fora, Minas Gerais, o Dr. Eduardo Lambert também é especializado em Clínica Geral, Medicina do Trabalho e graduado em Homeopatia, esta, pela Associação Paulista de Homeopatia.

Por sua experiência em Clínica Médica, Homeopatia, Relaxamento, Nutrição e outras terapias complementares, o Dr. Lambert é freqüentemente convidado para dar palestras e apresentar seus trabalhos em congressos e encontros da área médica e de saúde, além de dar entrevistas para jornais e revistas (*Jornal da Tarde*, *Metrô News*, *O Estado de Minas*, *Isto é*, *Marie Claire*, *Claudia*, *Utilíssima*, *Boa Forma*) e programas de Rádio e TV: *Fantástico, Momento Mulher, 25ª Hora, SBT Notícias, Dia-a-Dia, Flash, Beleza Hoje, Superpop, Programa Livre, Mais Você, Programa do Jô, Note-Anote, Domingo Legal,* etc.

Pela Editora Pensamento é autor dos livros:
A Terapia do Riso, A Terapia do Beijo, Pensamentos de Luz, Manual de Terapia Floral de Bach e da Austrália, Matéria e Terapia Floral do Dr. Bach, Os Estados Afetivos e os Remédios Florais do Dr. Bach.

Consultório: Rua Dr. Tirso Martins, 100 – Cj. 206
Vila Mariana — São Paulo/SP — 04120-050
Tels. (11) 5539-4468 (consultório)
(11) 5573-8453 (residência)
E-mail: edulambert@yahoo.com.br ou
edualambert@hotmail.com

Leituras Recomendadas

A Terapia do Riso, Dr. Eduardo Lambert, Editora Pensamento.

A Terapia do Beijo, Dr. Eduardo Lambert, Editora Pensamento.

Pensamentos de Luz, Dr. Eduardo Lambert, Editora Pensamento.

Manual de Terapia Floral de Bach e Austrália, Dr. Eduardo Lambert, Editora Pensamento.

Matéria Médica e Terapia Floral do Dr. Bach, Dr. Eduardo Lambert, Editora Pensamento.

Os Estados Afetivos e os Remédios Florais do Dr. Bach, Dr. Eduardo Lambert, Editora Pensamento.

A Terapia do Abraço, Kathleen Keating, Editora Pensamento.

A Terapia do Amor, Kathleen Keating, Editora Pensamento.

A Terapia da Respiração, Dr. Eduardo Lambert, Editora Elevação.

O Pequeno Príncipe, Saint Exupéry, Agir Editora.

O Menino do Dedo Verde, Maurice Druon, José Olympio Editora.

O Profeta, Gibran Khalil Gibran, Editora ACIGI.

Jesus, o Filho do Homem, Khalil Gibran, Editora ACIGI.

Ilusões, Richard Bach.